‖‖‖ ‖‖ ‖ ‖‖‖‖‖‖‖‖‖‖‖ ‖‖ ‖‖‖ ‖‖
AF221664

Impressum
Verlag: BABADADA GmbH, Nedderfeld 112 , 22529 Hamburg
Geschäftsführer / Verlagsleitung: Harald Hof
Druck: Books on Demand GmbH, In de Tarpen 42, 22848 Norderstedt

Imprint
Publisher: BABADADA GmbH, Nedderfeld 112 , 22529 Hamburg, Germany
Managing Director / Publishing direction: Harald Hof
Print: Books on Demand GmbH, In de Tarpen 42, 22848 Norderstedt, Germany

dibistan

school

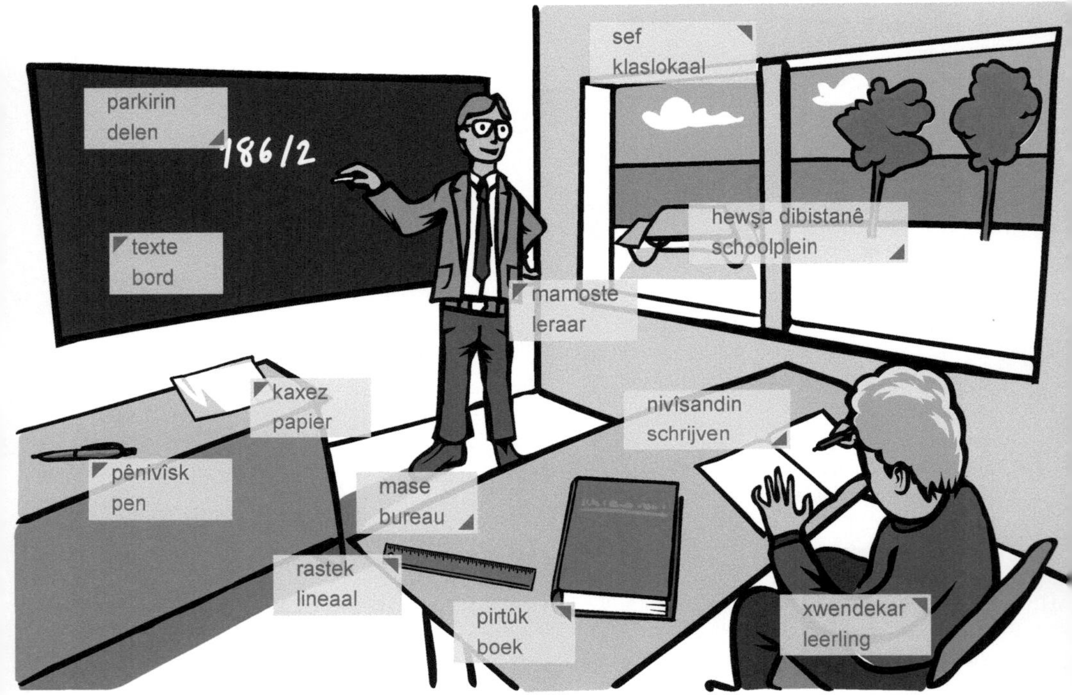
sef
klaslokaal
parkirin
delen
186/2
texte
bord
hewşa dibistanê
schoolplein
mamoste
leraar
kaxez
papier
nivîsandin
schrijven
pênivîsk
pen
mase
bureau
rastek
lineaal
pirtûk
boek
xwendekar
leerling

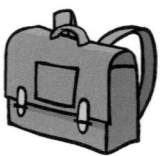

çewal

schooltas

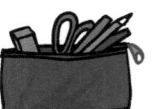

qûtî nivîstok

etui

qelemrisas

potlood

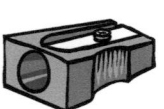

nivîstok tûjkir

puntenslijper

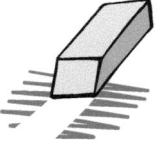

jêbir

gum

nivîska nîgarê

schetsblok

nîgar

tekening

firçeya rengê

penseel

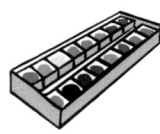

qûtî reng

verfdoos

meqes

schaar

lezaq

lijm

pirtûka fêrbûn

schrift

wezîfa malê

huiswerk

hejmar

getal

zêdekirin

optellen

derxistin

aftrekken

zêdekirin

vermenigvuldigen

hesibandin

rekenen

tîp

letter

alfabe

alfabet

peyv

woord

nivîsê
tekst

xwandin
lezen

geç
krijt

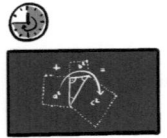

ders
les

qeydkirin
klassenboek

îmtîhan
examen

şehade
diploma

kinca dibistanê
schooluniform

perwerdehî
opleiding

zanistname
encyclopedie

zanîngeh
universiteit

mîkroskûp
microscoop

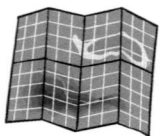

xerîte
kaart

sepeta kaxezê
prullenmand

rêwêtî
reis

Grand
mêvanxane
hotel
mêvanxane
hostel
ROOMS
ofîsa pere veguhartinê
wisselkantoor
EXCHANGE
cente
koffer
maşîn
auto

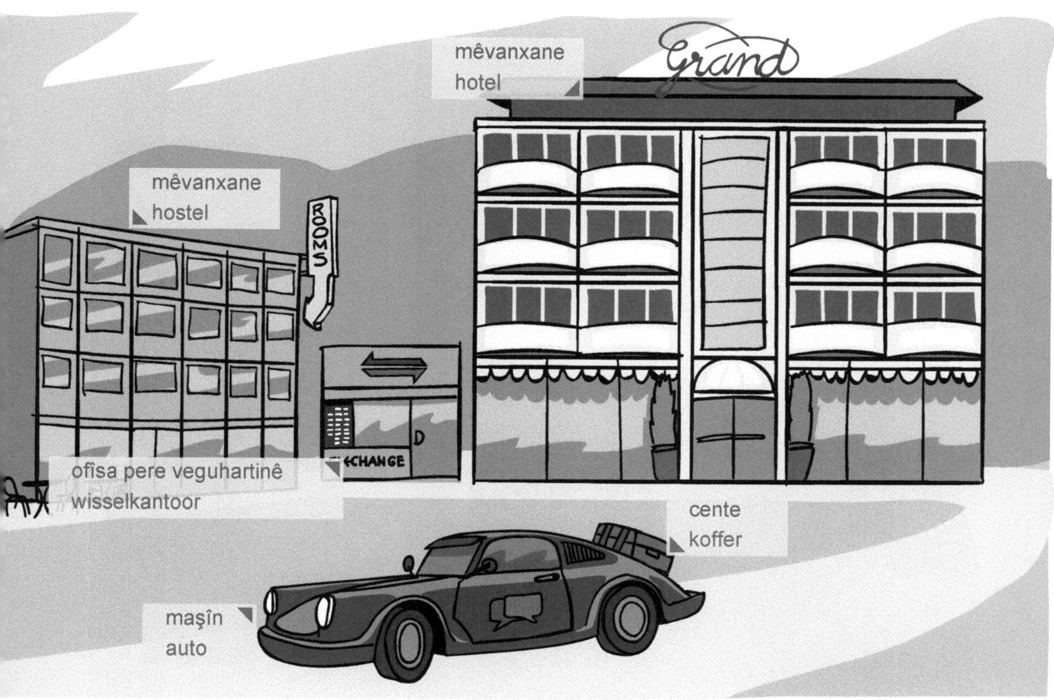

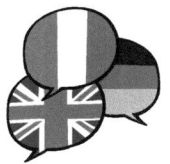

ziman
....
taal

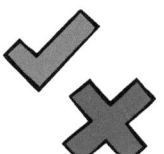

belê / na
....
ja / nee

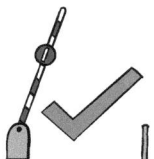

baş
....
oké

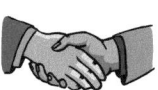

silav
....
Hallo!

wergêra nivîskî
....
tolk

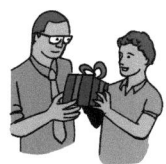

sipas
....
Bedankt.

bihayê … çi qase?

Wat kost …?

ez fam nakim

Ik begrijp het niet.

pirsgirêk

probleem

êvarbaş!

Goedenavond!

beyanî baş!

Goedemorgen!

şev baş!

Goedenacht!

xatirê te

Tot ziens!

alî

richting

hûrmûr

bagage

çente

tas

çente pişt

rugzak

mêvan

gast

ode

kamer

came xew

slaapzak

çadir

tent

agagiyên gerokan
VVV-kantoor

rexê avê
strand

kartê qerzê
creditkaart

taştê
ontbijt

firavîn
lunch

şîv
diner

kart
kaartje

asansor
lift

pûl
postzegel

tixûb
grens

gumirk
douane

balyozxane
ambassade

vîza
visum

pasaport
paspoort

guhaztin
transport

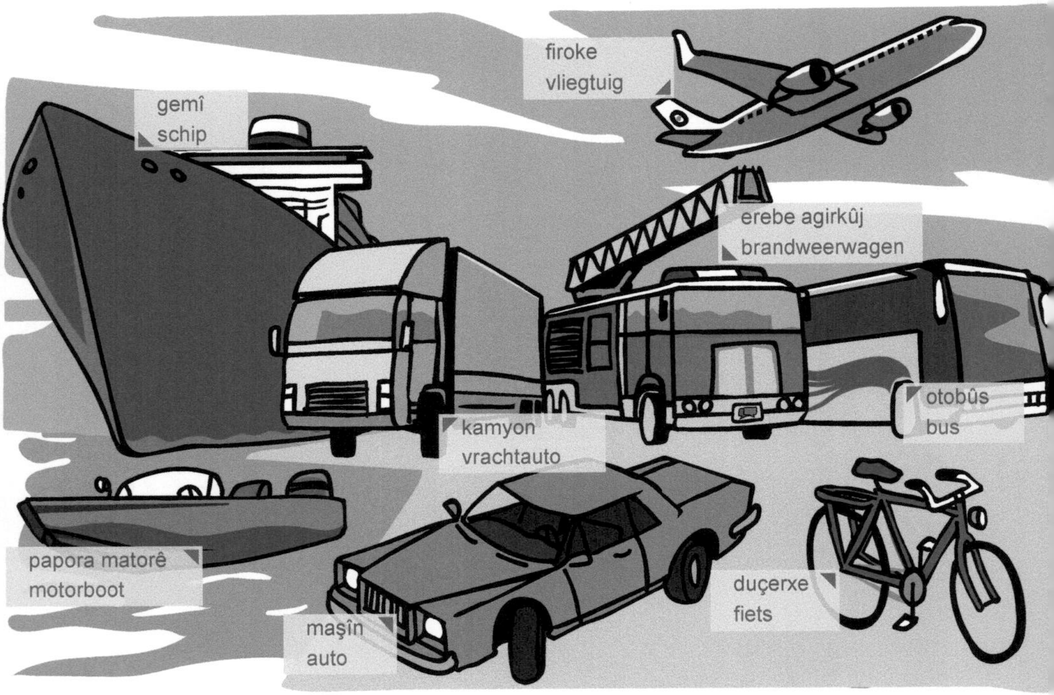

firoke
vliegtuig
gemî
schip
erebe agirkûj
brandweerwagen
otobûs
bus
kamyon
vrachtauto
papora matorê
motorboot
duçerxe
fiets
maşîn
auto

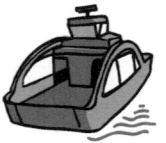

papor

veerboot

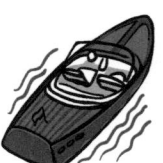

papor

boot

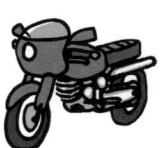

motorsîklêt

motorfiets

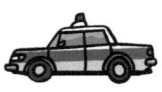

trimbêla polîsê

politiewagen

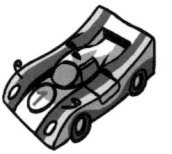

trimbêla pêşbaziyê

raceauto

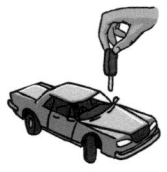

erebe kirêkirinê

huurauto

maşîn pervekirin

carsharing

kamyona kişandinê

takelwagen

kamyona xwelî

vuilniswagen

motorsîklêt

motor

mazot

benzine

îstegeha benzînê

benzinepomp

tabloya tirafîkê

verkeersbord

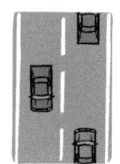

hatinûçûn

verkeer

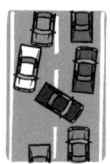

tirafîk

file

cihê parkê

parkeerplaats

rawesteka trênê

station

rêç

rails

trên

trein

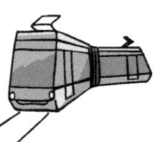

trênê kolanê

tram

erebe

wagon

babirok

helikopter

balafirgeh

luchthaven

birc

toren

misafir

passagier

qûtî

container

qûtî

verhuisdoos

girgirok

kar

selik

mand

rabûn / nîştin

opstijgen / landen

bajar

stad

gund

dorp

navenda bajarê

stadscentrum

xanî

huis

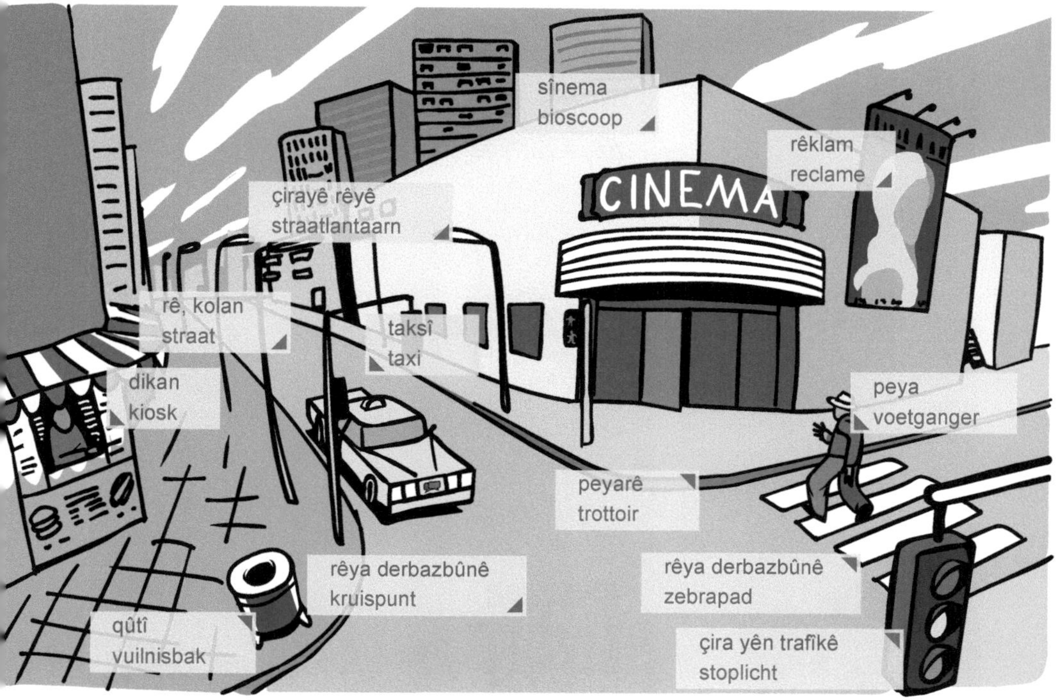

sînema
bioscoop

rêklam
reclame

çirayê rêyê
straatlantaarn

CINEMA

rê, kolan
straat

taksî
taxi

dikan
kiosk

peya
voetganger

peyarê
trottoir

rêya derbazbûnê
kruispunt

rêya derbazbûnê
zebrapad

qûtî
vuilnisbak

çira yên trafîkê
stoplicht

kox

hut

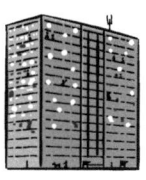

xanî

appartement

rawesteka trênê

station

telara şarevanî

stadhuis

mûzexane

museum

dibistan

school

zanîngeh

universiteit

bank

bank

nexweşxane

ziekenhuis

mêvanxane

hotel

dermanxane

apotheek

ofîs

kantoor

kitêbfiroşî

boekenwinkel

dikan

winkel

gulfiroş

bloemenwinkel

bazar

supermarkt

bazar

markt

supermarket

warenhuis

masîfiroş

visboer

navenda kirrîn

winkelcentrum

bender

haven

park
park

sekû
bank

pir
brug

derince
trap

jêr erdê
metro

tunnel
tunnel

îstgeha otobûs
bushalte

bar
bar

xwaringeh
restaurant

sindûqa postê
brievenbus

nîşanderka rêyê
straatnaambord

metra parkîngê
parkeermeter

baxça heywanan
dierentuin

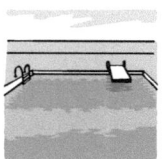

hewza melevanî
zwembad

mizgeft
moskee

cotgeh

boerderij

lewitandina derdor

vervuiling

goristan

begraafplaats

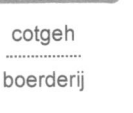

kenîse

kerk

erdê leyistinê

speelplaats

perestgeh

tempel

tebîet

landschap

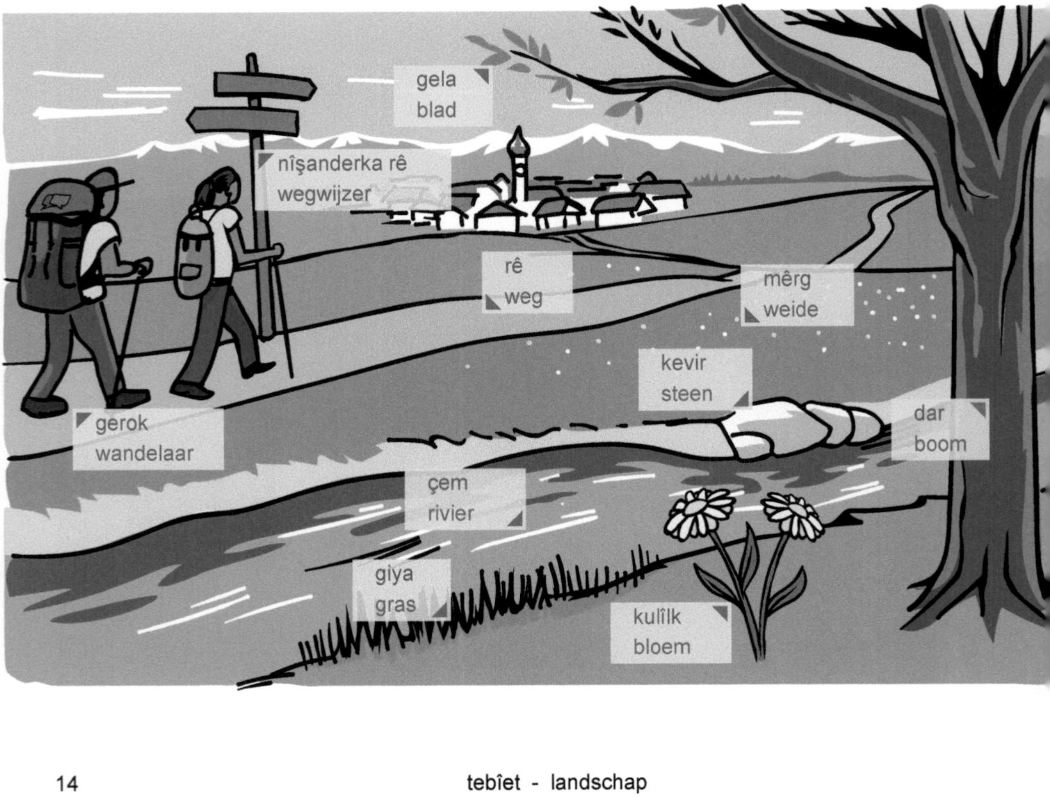

gela
blad

nîşanderka rê
wegwijzer

rê
weg

mêrg
weide

kevir
steen

dar
boom

gerok
wandelaar

çem
rivier

giya
gras

kulîlk
bloem

dol
vallei

gir
berg

gol
meer

daristan
bos

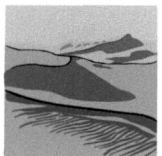

beyaban
woestijn

volkan
vulkaan

keleh
kasteel

keskesor
regenboog

kivark
paddenstoel

darqesp
palmboom

mixmixk
mug

mêş
vlieg

mêrî
mier

hing
bij

pîrê
spin

kêzik

kever

beq

kikker

sihor

eekhoorn

jîjok

egel

kerguh

haas

pepûk

uil

çivîk

vogel

qû

zwaan

berazê kovî

wild zwijn

pezkovî

hert

pezkovî

eland

bendav

stuwdam

tûrbîna ba

windmolen

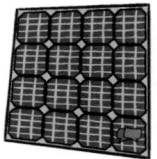

panela xorê

zonnepaneel

av û hewa

klimaat

xwaringeh
restaurant

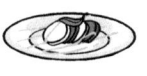

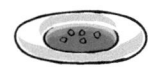

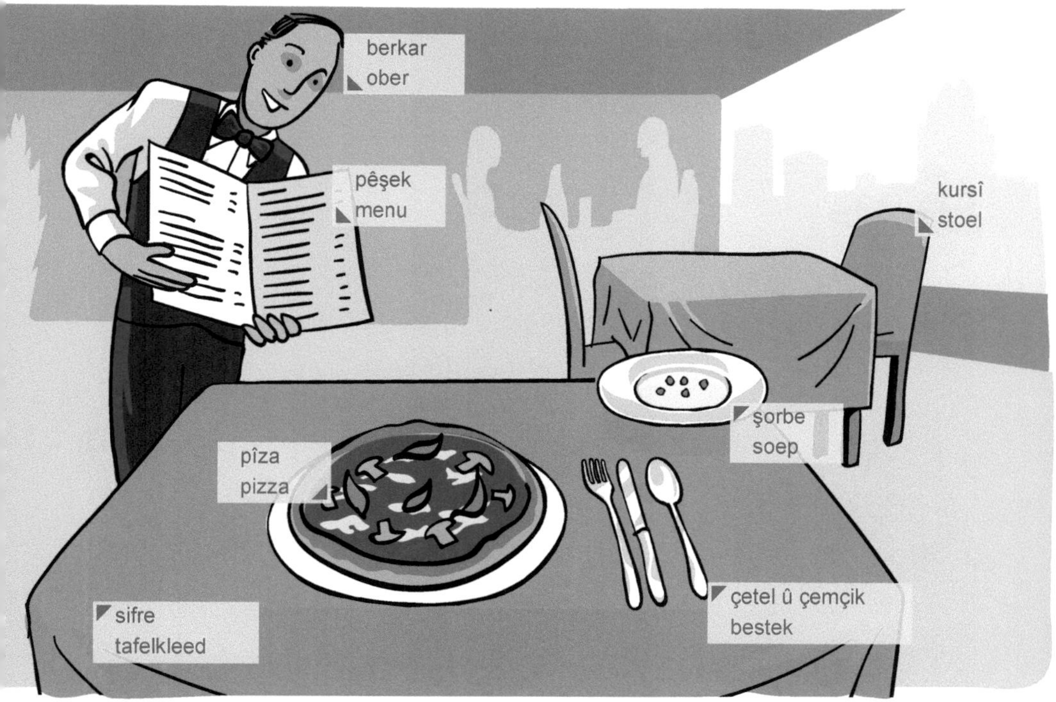

berkar
ober
pêşek
menu
kursî
stoel
şorbe
soep
pîza
pizza
çetel û çemçik
bestek
sifre
tafelkleed

xwarina destpêk

voorgerecht

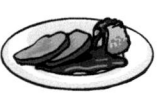

xwarina serekî

hoofdgerecht

şêranî

toetje

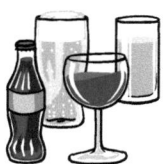

vexwarinan

dranken

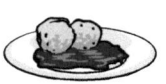

xwarin

eten

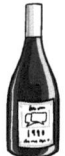

cam

fles

xwarina lez

fastfood

xwarina rêyê

eetkraampje

çaydanik

theepot

qûtî şekirê

suikerpot

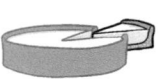

beş

portie

mekîna çêkirinê espresso

espressomachine

kursiya bilînd

kinderstoel

hesab

rekening

sênî

dienblad

kêr

mes

çetel

vork

kevçî

lepel

kevçiya çay

theelepel

pêşgir

servet

qedeh

glas

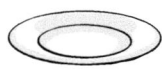

teyfik

bord

teyfika şorbe

soepbord

piyale

schotel

çênc

saus

xwêdank

zoutvaatje

qûtî bîbar

pepermolen

sêk

azijn

rûn

olie

biharat

kruiden

ketçap

ketchup

mustard

mosterd

mayonêz

mayonaise

bazar
supermarkt

pêşkêşên taybet
aanbieding
mişterî
klant
şîremenî
zuivelproducten
fêkî
fruit
erebe
winkelwagen
FOR

BUTCHERS

qesabî

slager

BAKERY

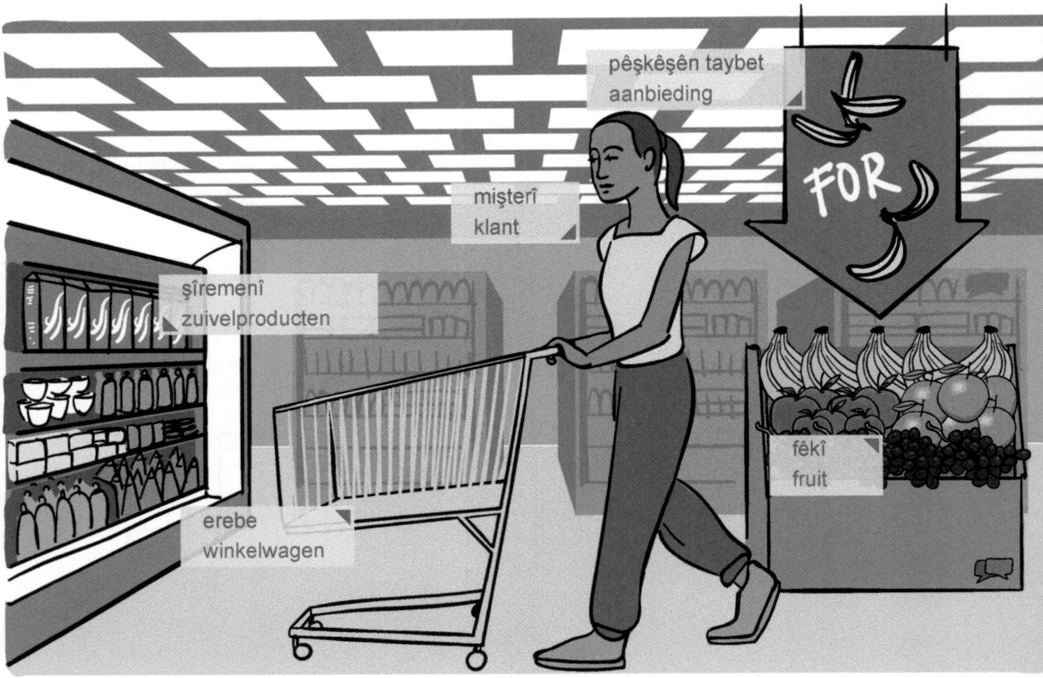

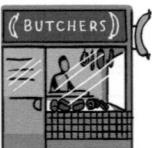

dikana nanpêj

bakkerij

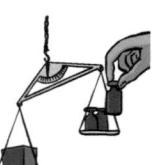

wezin kirin

wegen

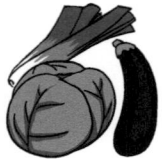

sebze

groente

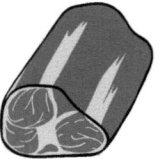

goşt

vlees

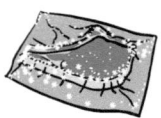

xwarinê cemedî

diepvriesproducten

goştê sar

vleeswaren

xwarina pîlê

conserven

xubarê paqijkirinê

wasmiddel

şirînî

snoepgoed

berhemên navxweyî

huishoudelijke artikelen

berhemên paqijkirinê

schoonmaakmiddel

firoşyar

verkoopster

xeznok

kassa

diravgir

kassier

lîsta kirrînê

boodschappenlijstje

demên vekirî

openingstijden

cizdan

portefeuille

kartê qerzê

creditkaart

çewal

tas

çente

plastic zak

bazar - supermarkt

av

water

şerbet

sap

şîr

melk

komir

cola

şerab

wijn

bîra

bier

alkol

alcohol

kakwo

chocolademelk

çay

thee

qehwe

koffie

espresso

espresso

kapoçîno

cappuccino

moz

banaan

sêv

appel

pirteqalî

sinaasappel

gundor

watermeloen

lîmon

citroen

gêzer

wortel

sîr

knoflook

qamir

bamboe

pîvaz

ui

qarçik

paddenstoel

gewîz

noten

şihîre

pasta

spagêttî

spaghetti

birinc

rijst

selete

salade

çîps

friet

peteteya biraştî

gebakken aardappelen

pîza

pizza

hamburger

hamburger

nanok

sandwich

goştê stûyê berxî

schnitzel

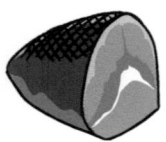

goştê hişkkirî

ham

salamê

salami

sosîs

worst

mirîşk

kip

bijartin

gebraad

masî

vis

şorbe bilûl

havermout

mûslî

muesli

kertên gilgilan

cornflakes

ard

meel

croissant

croissant

semûn

broodjes

nan

brood

tost

toast

nanik

koekjes

nivîşk

boter

mast

kwark

kulîçe

taart

hêk

ei

hêka qelandî

gebakken ei

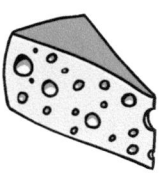

penîr

kaas

dondirme
ijs

şekir
suiker

hingiv
honing

mireba
jam

xameya nougat
chocoladepasta

kurrî
kerrie

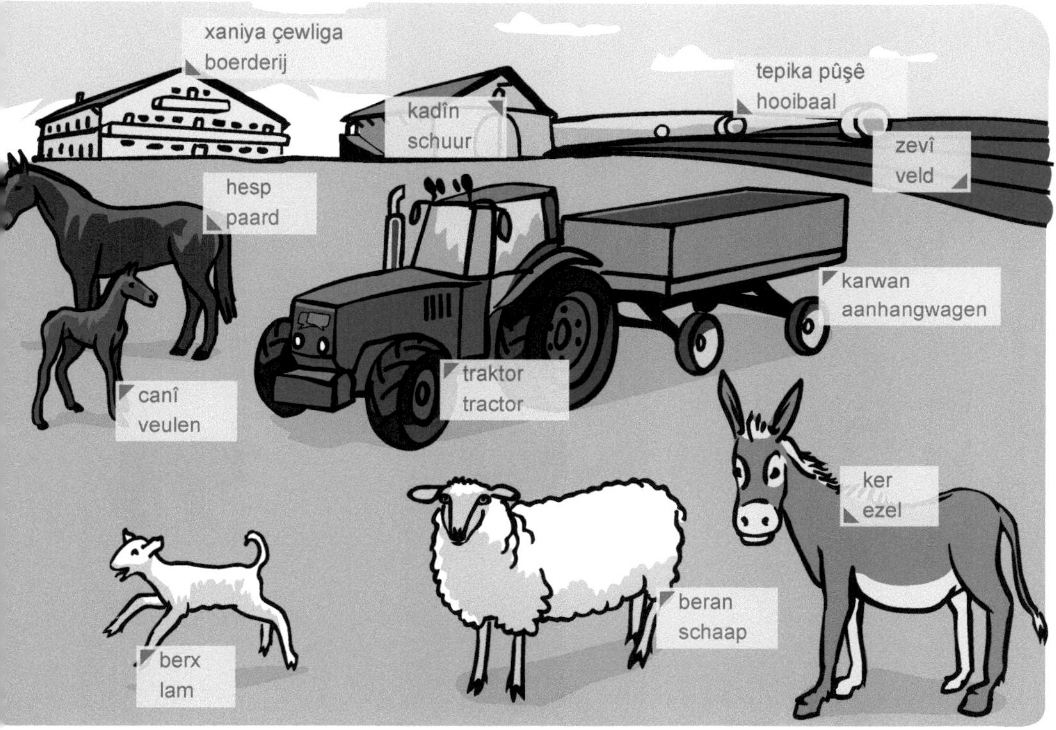

xaniya çewliga
boerderij

tepika pûşê
hooibaal

kadîn
schuur

zevî
veld

hesp
paard

karwan
aanhangwagen

canî
veulen

traktor
tractor

ker
ezel

berx
lam

beran
schaap

bizin

geit

çêlek

koe

golik

kalf

beraz

varken

xinzîrk

big

boxe

stier

qaz

gans

miravî

eend

cûçik

kuiken

mirîşk

kip

keleşêr

haan

circ

rat

kitik

kat

mişk

muis

ga

os

kûçik

hond

xaniya kûçikê

hondenhok

xanî baxê

tuinslang

qûtîka avdanê

gieter

şalûk

zeis

gasin

ploeg

das
sikkel

merbêr
schoffel

darsapik
hooivork

bivir
bijl

destgere
kruiwagen

qûtî xwarina candaran
trog

qûtî şîr
melkbus

tûr
zak

çeper
hek

axur
stal

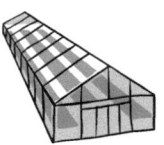

xana kulîlkan
broeikas

ax
grond

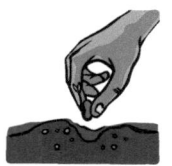

dendik
zaad

peyn
mest

kombayn
maaidorser

zad

oogsten

zad

oogst

petete

yam

genim

tarwe

fasolî

soja

petete

aardappel

dexl

maïs

dindik

koolzaad

darê fêkî

fruitboom

sêvê bin erdê

maniok

zad

granen

xanî
huis

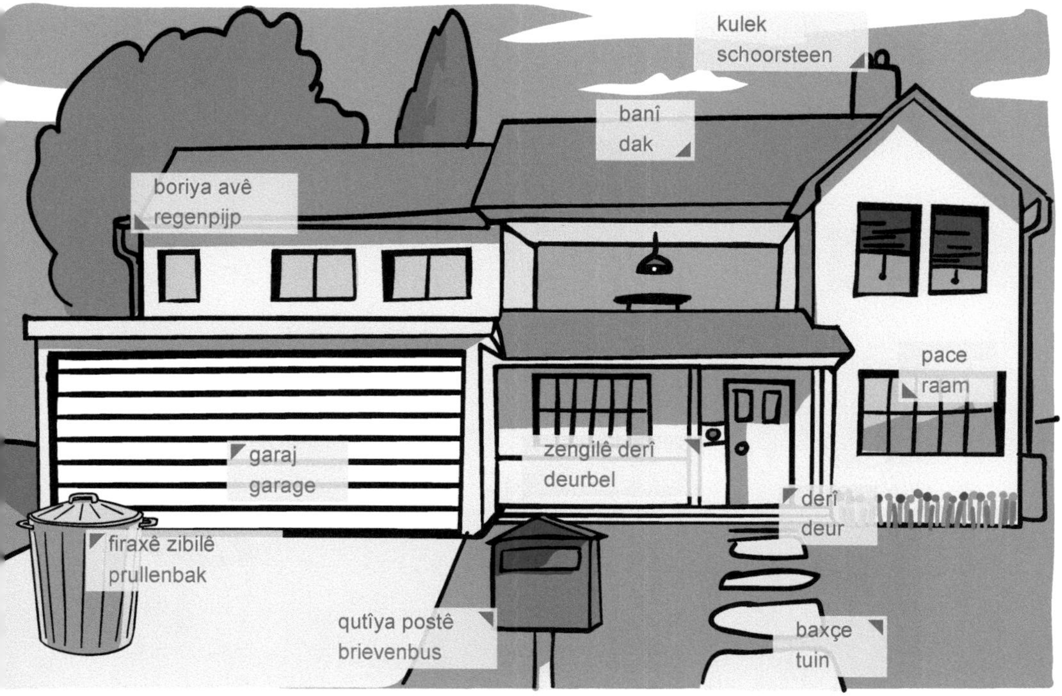
kulek
schoorsteen
banî
dak
boriya avê
regenpijp
pace
raam
garaj
garage
zengilê derî
deurbel
derî
deur
firaxê zibilê
prullenbak
qutîya postê
brievenbus
baxçe
tuin

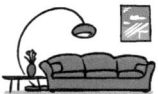

oda rûniştinê
woonkamer

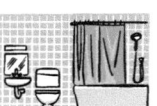

hemam
badkamer

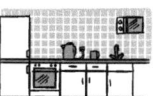

metbex
keuken

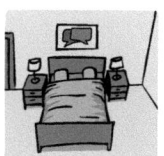

oda xewê
slaapkamer

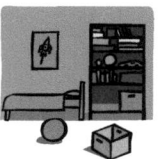

odeya zarok
kinderkamer

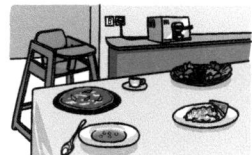

oda şîvê
eetkamer

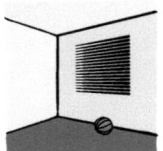

binî
vloer

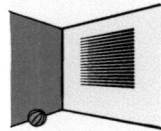

dîwar
muur

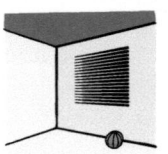

berban
plafond

xenzik
kelder

sauna
sauna

balkon
balkon

berdanik
terras

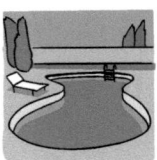

hewza melevanî
zwembad

çîmen birr
grasmaaier

melhefe
laken

betanî
bedsprei

nivîn
bed

gezik
bezem

satil
emmer

kilîl
schakelaar

oda rûniştinê
woonkamer

kaxezê dîwar
behang
wêne
foto
lampa
lamp
ref
plank
dolab
kast
telefîsiyon
televisie
agirdan
open haard
kulîlk
bloem
serîn
kussen
qenepe
bankstel
guldank
vaas
kontrola dûr
afstandsbediening

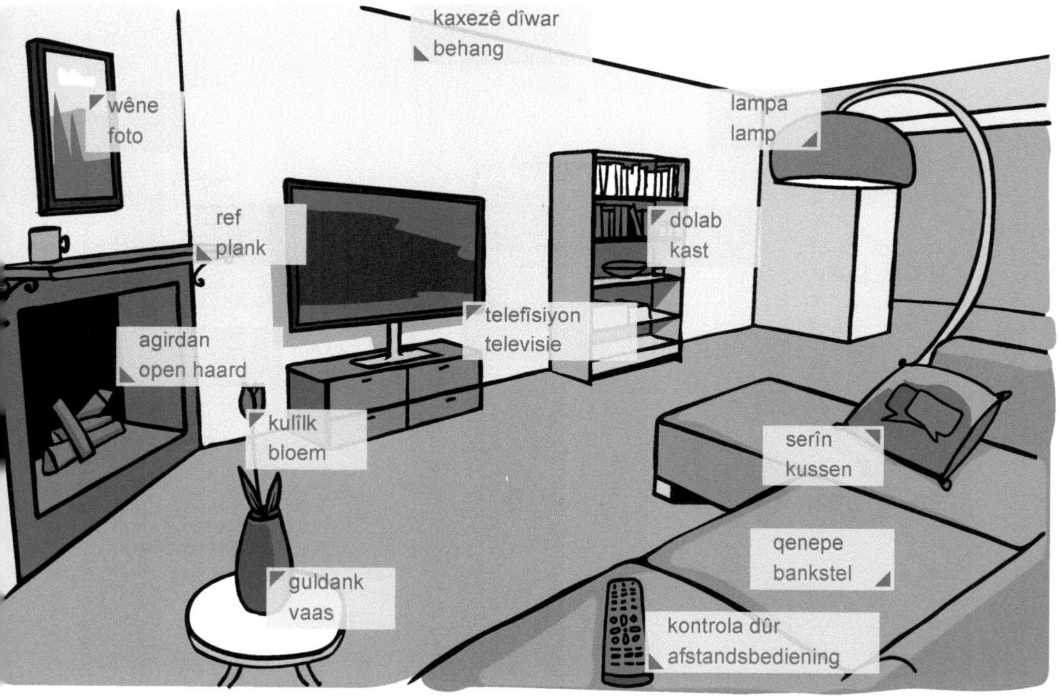

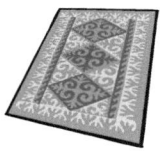

xalîçe

tapijt

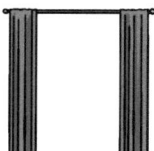

perde

gordijn

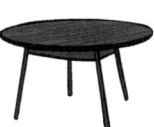

mêz

tafel

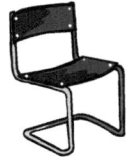

kursî

stoel

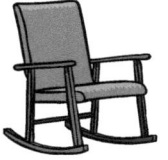

kursiya hejanok

schommelstoel

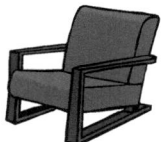

kursî

stoel

pirtûk
boek

betanî
deken

xemilandin
decoratie

êzing
brandhout

fîlm
film

hi-fi
stereo-installatie

kilîl
sleutel

rojname
krant

nîgar
schilderij

poster
poster

radyo
radio

defter
kladblok

sivnika elektrîkî
stofzuiger

kaktûs
cactus

mom
kaars

metbex
keuken

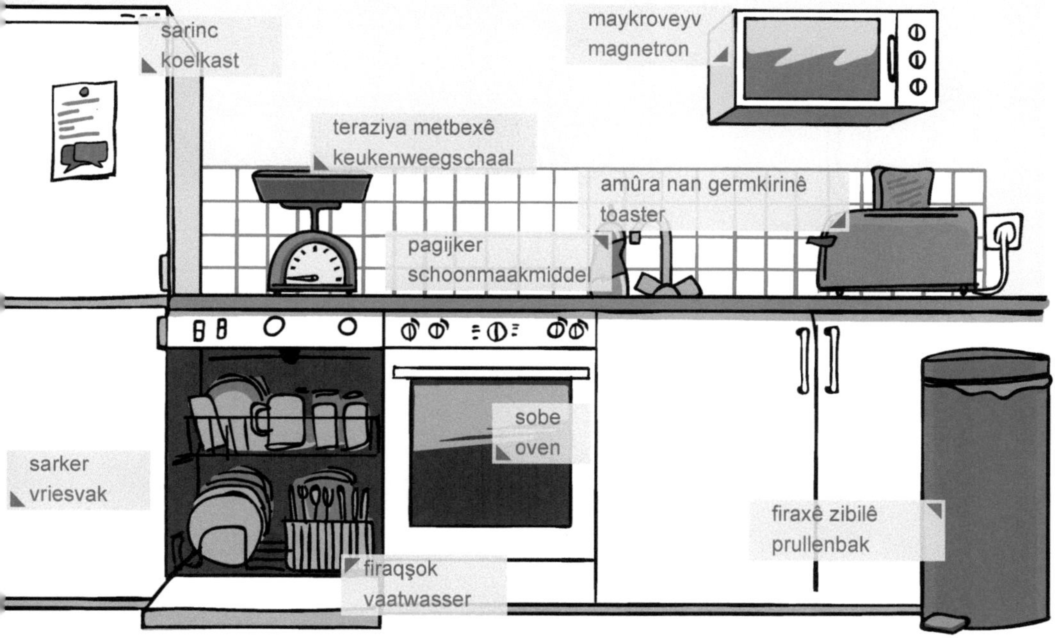

sarinc
koelkast
maykroveyv
magnetron
teraziya metbexê
keukenweegschaal
amûra nan germkirinê
toaster
pagijker
schoonmaakmiddel
sobe
oven
sarker
vriesvak
firaxê zibilê
prullenbak
firaqşok
vaatwasser

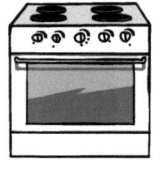

sobe

fornuis

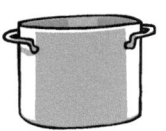

aman

pan

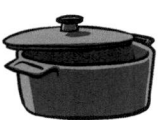

amaê ûtû

gietijzeren pan

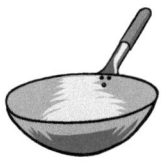

firaqê mezin

wok / kadai

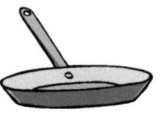

dîzik

koekenpan

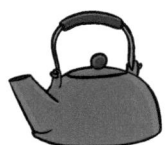

kelînk

ketel

firaqê hilmê

stoomkoker

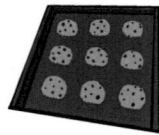

sênî nanê

bakplaat

firaq

servies

piyale

beker

kasik

kom

darê nanxwarin

eetstokjes

hesk

soeplepel

kevçiya mezin

spatel

rînek

garde

kefgîr

vergiet

bêjing

zeef

rêşker

rasp

destar

vijzel

biraştin

barbecue

agirê vala

vuurhaard

texteya birrînê

snijplank

darikê tîrê

deegroller

devik badek

kurkentrekker

qûtî

blik

qûtîvekir

blikopener

cawê amanan

pannenlap

destşo

wasbak

firçe

borstel

parazoa

spons

tevdêr

blender

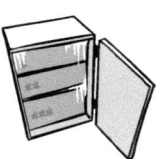

sarkerê cemedî

vriezer

şûşe bebikan

babyflesje

henefî

kraan

hemam
badkamer

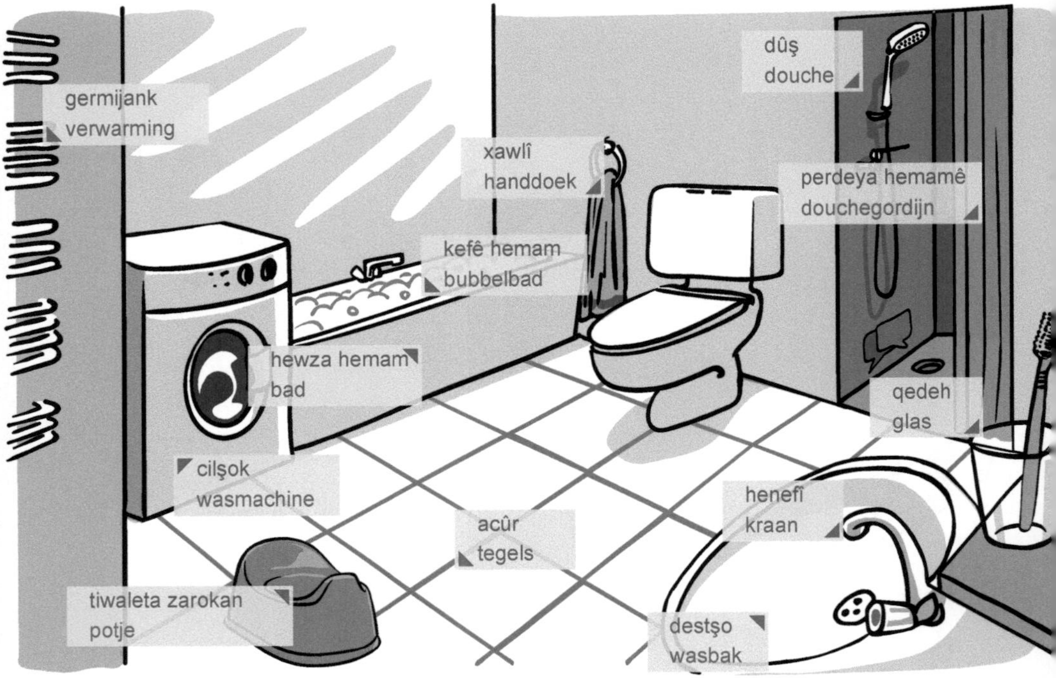
germijank
verwarming
xawlî
handdoek
dûş
douche
perdeya hemamê
douchegordijn
kefê hemam
bubbelbad
hewza hemam
bad
qedeh
glas
cilşok
wasmachine
henefî
kraan
acûr
tegels
tiwaleta zarokan
potje
destşo
wasbak

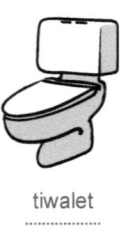

tiwalet
toilet

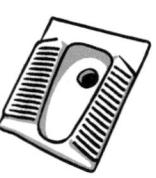

tiwaleta erdê
hurktoilet

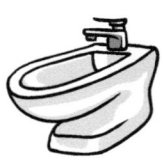

tiwalet
bidet

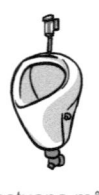

avdestxana mêran
urinoir

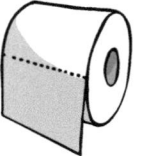

kaxeza tiwalet
toiletpapier

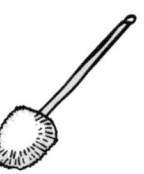

firşeya tiwalet
toiletborstel

firçeya diran

tandenborstel

mecûna diran

tandpasta

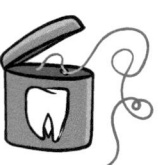

nexa didan

flosdraad

şûştin

wassen

dûşê destê

handdouche

dûş

toiletdouche

destşo

waskom

firça pişt

rugborstel

sabûn

zeep

cêlê hemam

douchegel

şampo

shampoo

fanîle

washanje

zêrab

afvoer

kirêm

creme

bêhn xweşkir

deodorant

mirêk

spiegel

mirêka destê

make-upspiegel

gûzan

scheermes

kefê teraşînê

scheerschuim

mecûna piştî teraşînê

aftershave

şeh

kam

firçe

borstel

por hîşikkir

haardroger

sipraya porê

haarspray

kozmetîk

make-up

soravk

lippenstift

rengê nînok

nagellak

pembû

watten

meqesta nînok

nagelschaartje

parfûm

parfum

çewalê hemamê

toilettas

kursiya bêpişt

kruk

terazî

weegschaal

kinca hemamê

badjas

lepika lastîkê

rubber handschoenen

tampon

tampon

xawliya paqijkirinê

maandverband

tiwaleta kîmîyewî

chemisch toilet

odeya zarok

kinderkamer

demjimêrk
wekker
lîstok
knuffeldier
maşîna lîstok
speelgoedauto
xişxişok
rammelaar
mala lîstok
poppenhuis
xelat
cadeau

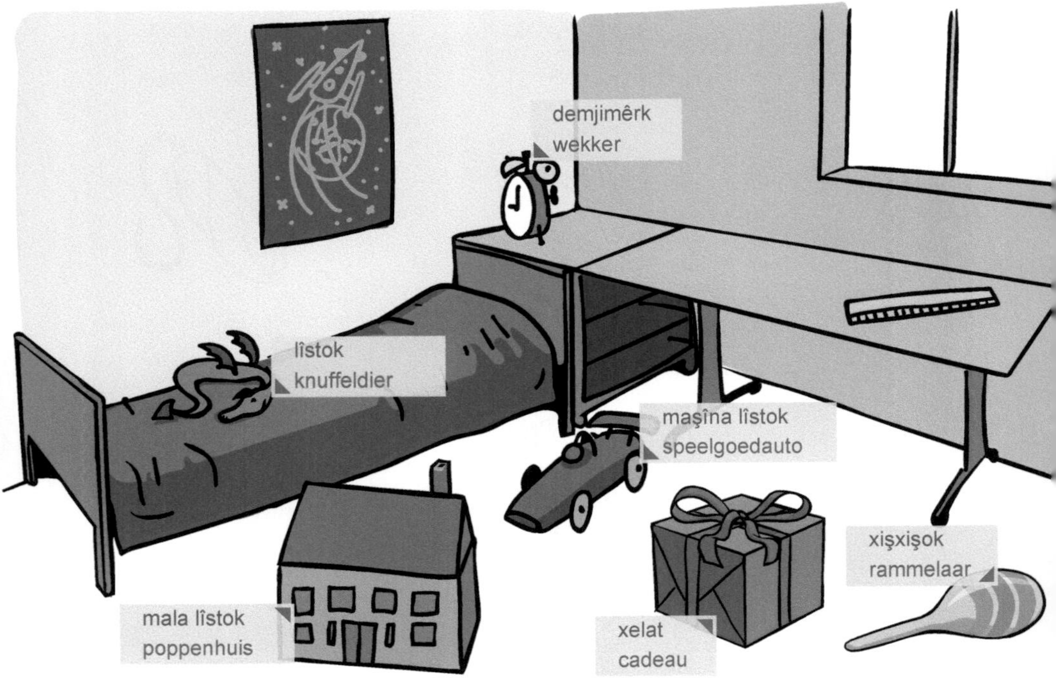

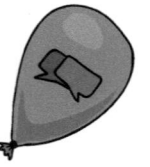

pifdank
ballon

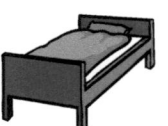

nivîn
bed

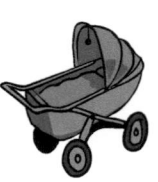

koçk
kinderwagen

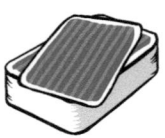

lîstika kartê
kaartspel

frîzbî
puzzel

SUPER
MEGA

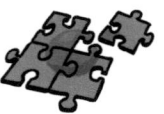

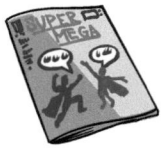

komîk
stripverhaal

acûra lêgo

legostenen

acûra lîstok

speelgoedblokken

bûke şûşe

actiefiguurtje

kinca bebikan

romper

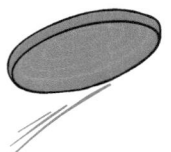

frizbee

frisbee

veguhestin

mobile

lîstikên texte

bordspel

mor

dobbelsteen

modêla trênê

modeltrein

memik

speen

cejn

feestje

kitêba wêne

prentenboek

top

bal

bûke şûşe

pop

leyîstin

spelen

kuna xîzê

zandbak

colane

schommel

lîstokan

speelgoed

lîstika vîdeoyî

spelcomputer

sêçerxe

driewieler

hirça lîstok

teddybeer

cildank

kleerkast

kinc

kleding

gore

sokken

gore

kousen

derpêgorê

panty

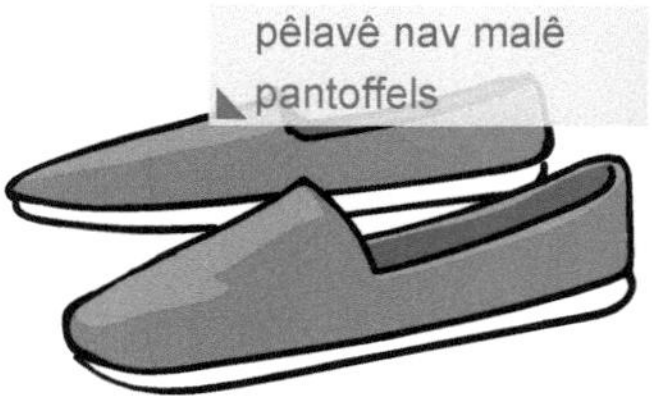

şal
sjaal

çetir
paraplu

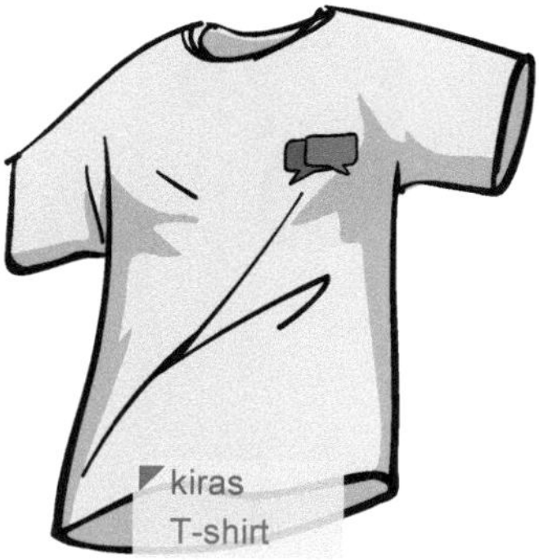

kiras
T-shirt

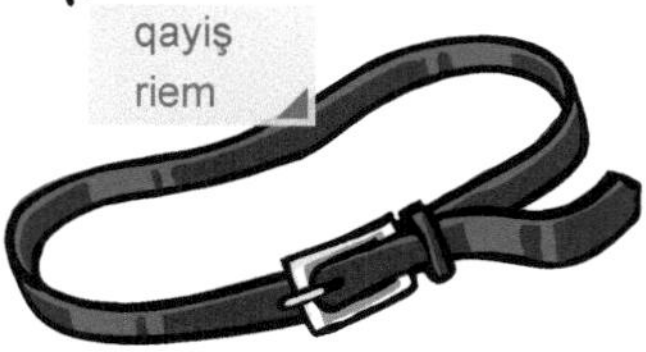

qayiş
riem

şekal
laarzen

pêlavê nav malê
pantoffels

pêlav
sportschoenen

solik
....
sandalen

sol
....
schoenen

potîna çermê
....
rubberlaarzen

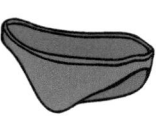

pantolê jêr
....
onderbroek

pêsîrbend
....
beha

çekbend
....
onderhemd

cendek
body

pantol
broek

jeans
spijkerbroek

daman
rok

kiras
blouse

kiras
overhemd

fanêle
trui

fanêle
hoody

cakêt
blazer

sako
jas

çaket
mantel

baranî
regenjas

lebas
kostuum

fîstan
jurk

cilê dawetê
trouwjurk

kostum
pak

pêcame
nachthemd

pêcame
pyjama

saree
sari

leçik
hoofddoek

mêzer
tulband

hêram
boerka

kaftan
kaftan

eba
abaja

kinca ajnêkirin
zwempak

cilka melevanî
zwembroek

şort
korte broek

cila hêvojkarî
trainingspak

pêşmal
schort

lepik
handschoenen

dûgme

knoop

berçavik

bril

bazin

armband

gerdenî

ketting

gustîl

ring

guhark

oorbel

devik

pet

hilavistek

kledinghanger

kûm

hoed

kirawat

stropdas

zîp

rits

serparêz

helm

derzî

bretels

kinca dibistanê

schooluniform

yûnîform

uniform

berdilk
....
slabbetje

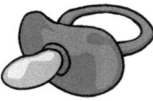

memik
....
speen

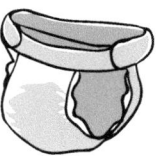

pundax
....
luier

ofîs
kantoor

pêşkeşker
server

dolabê belge
archiefkast

çaper
printer

kaxez
papier

nîşander
beeldscherm

mase
bureau

mişk
muis

defter
map

klavye
toetsenbord

sepeta kaxezê
prullenmand

komputer
computer

kursî
stoel

kasika qehwe
....
koffiemok

hesabker
....
rekenmachine

înternet
....
internet

komputera laptop

laptop

name

brief

peyam

bericht

telefona mobîl

mobiele telefoon

tor

netwerk

mekîna fotokopî

kopieermachine

software

software

telefon

telefoon

socketa fîşek

stopcontact

mekîna faxê

fax

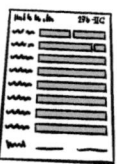

form

formulier

belge

document

standin

kopen

pere dan

betalen

bazirganî

handel drijven

pere

geld

dollar

dollar

yoro

euro

yenê Japonê

yen

roblê Rûsî

roebel

firankê Swîsê

Zwitserse frank

yuanê Çînê

renminbi yuan

rûpee Hindî

roepie

mekîna jixwebera dirav

geldautomaat

ofîsa pere veguhartinê
wisselkantoor

zêrr
goud

zîv
zilver

neft
olie

wize
energie

biha
prijs

peyman
contract

tax
belasting

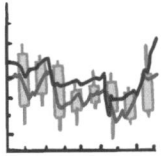

seham
aandeel

karkirin
werken

karker
werknemer

karda
werkgever

fabrîka
fabriek

dikan
winkel

profesyon
beroepen

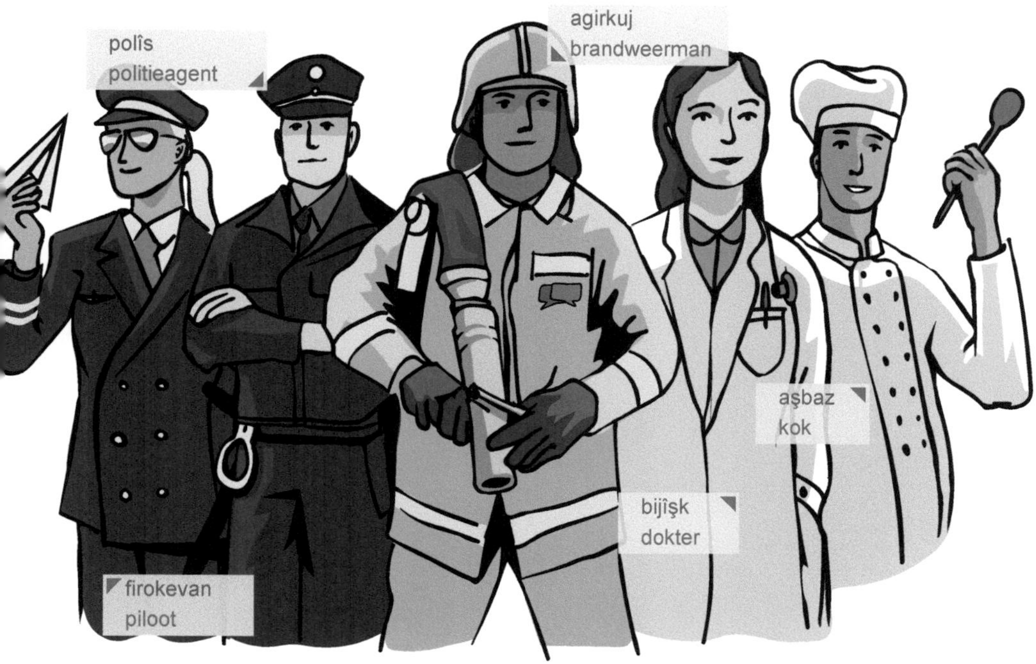
polîs
politieagent
agirkuj
brandweerman
aşbaz
kok
bijîşk
dokter
firokevan
piloot

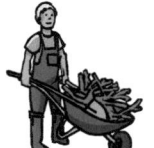

baxçevan

tuinman

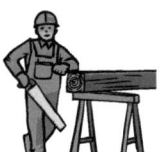

necar

timmerman

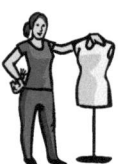

dirûnvan

naaister

hakim

rechter

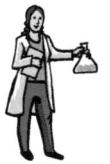

şîmyazan

scheikundige

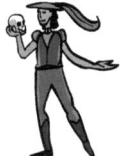

şanoger

toneelspeler

şufêrê basê

buschauffeur

şufêrekî taksiyê

taxichauffeur

masîvan

visser

pagijker

schoonmaakster

çêkirê banî

dakdekker

berkar

ober

nêçirvan

jager

rengrês

schilder

nanpêj

bakker

karebavan

elektricien

avaker

bouwvakker

endezyar

ingenieur

qesab

slager

lûlekar

loodgieter

postevan

postbode

esker

soldaat

mîmar

architect

diravgir

kassier

firotkara çîçekan

bloemist

porçêker

kapper

ajovan

conducteur

mekanîk

monteur

keştîvan

kapitein

pizîşka didanan

tandarts

zanistyar

wetenschapper

rûhan

rabbi

îmam

imam

keşe

monnik

keşîş

pastoor

amûran
gereedschap

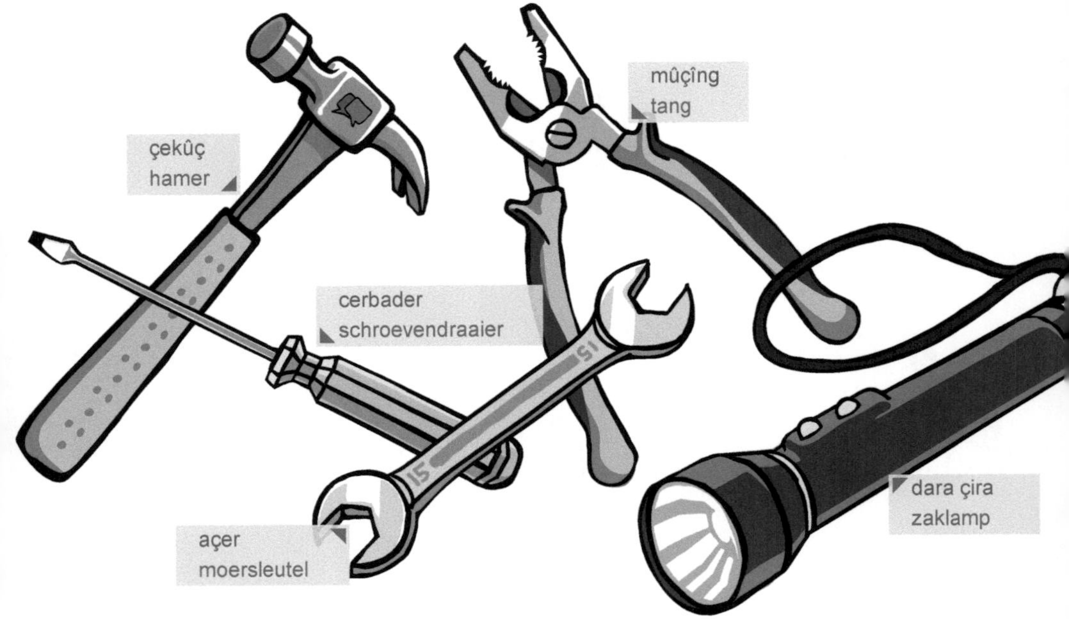

çekûç
hamer
mûçîng
tang
cerbader
schroevendraaier
açer
moersleutel
dara çira
zaklamp

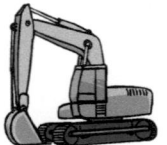

şofel

graafmachine

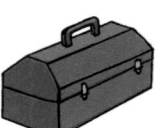

qûtiya amûran

gereedschapskist

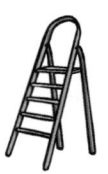

peyje

ladder

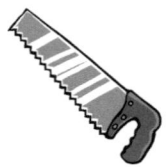

mişar

zaag

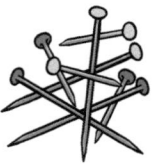

mîx

spijkers

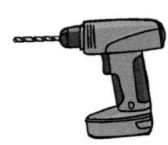

qulkirin

boor

çêkirin
....
repareren

merbêr
....
schep

nalet!
....
Verdorie!

bêl
....
stofblik

qûtiya rengê
....
verfpot

cerr
....
schroeven

amûrên mûzîkê

muziekinstrumenten

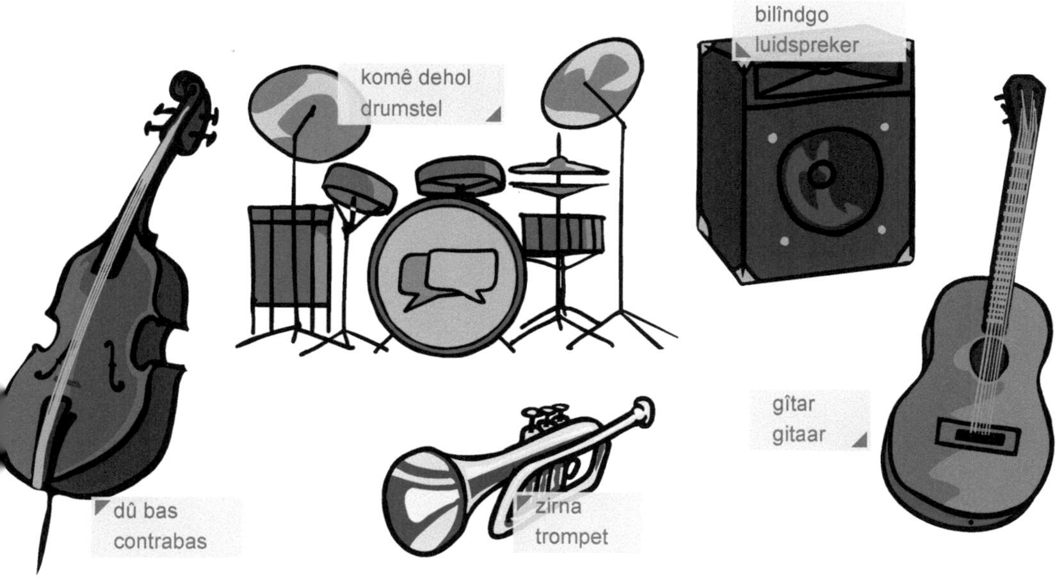

bilîndgo
luidspreker

komê dehol
drumstel

gîtar
gitaar

dû bas
contrabas

zirna
trompet

piyano
piano

viyolîn
viool

bas
bas

dehol
pauk

dahol
trommel

keyboard
keyboard

saksofon
saxofoon

bilûr
fluit

mîkrofon
microfoon

baxça heywanan
dierentuin

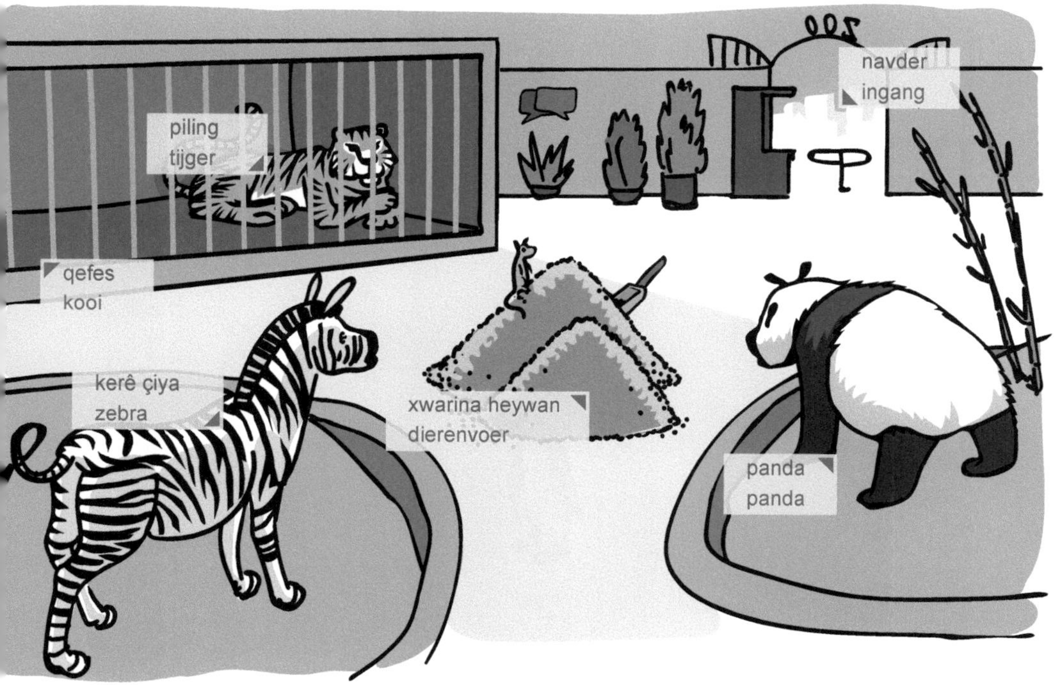
piling
tijger
qefes
kooi
kerê çiya
zebra
xwarina heywan
dierenvoer
navder
ingang
panda
panda

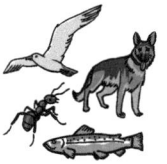

heywan

dieren

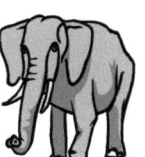

fîl

olifant

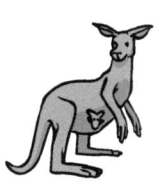

kangarû

kangoeroe

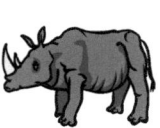

kerkeden

neushoorn

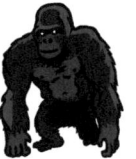

gorîl

gorilla

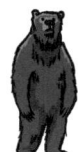

hirç

beer

hêştir
kameel

hêştirme
struisvogel

şêr
leeuw

meymûn
aap

flamîngo
flamingo

papaxan
papegaai

hirça cemserî
ijsbeer

penguîn
pinguïn

semasî
haai

tawûs
pauw

mar
slang

timsah
krokodil

parêzera baxça ajalan
dierenverzorger

seya derya
zeehond

piling
jaguar

hesp
pony

piling
luipaard

hespê rûbar
nijlpaard

canhêştir
giraffe

helo
adelaar

berazê kovî
wild zwijn

masî
vis

kûsî
schildpad

walras
walrus

rovî
vos

xezal
gazelle

fûtbolê Amerîka
American football

bisiklêtan
wielrennen

tenîs
tennis

baskêtbol
basketbal

avjenîkirin
zwemmen

boxing
boksen

hokeya ser cemedê
ijshockey

fûtbol
voetbal

badminton
badminton

yê atletîzmê
atletiek

hendbol
handbal

befirajotin
skiën

polo
polo

çalakiyan
activiteiten

kenîn
lachen
hilpeke
springen
hembêz
knuffelen
birêveçûn
lopen
lawje gutin
zingen
xewn dîtin
dromen
nimêj kirin
bidden
maçkirin
kussen

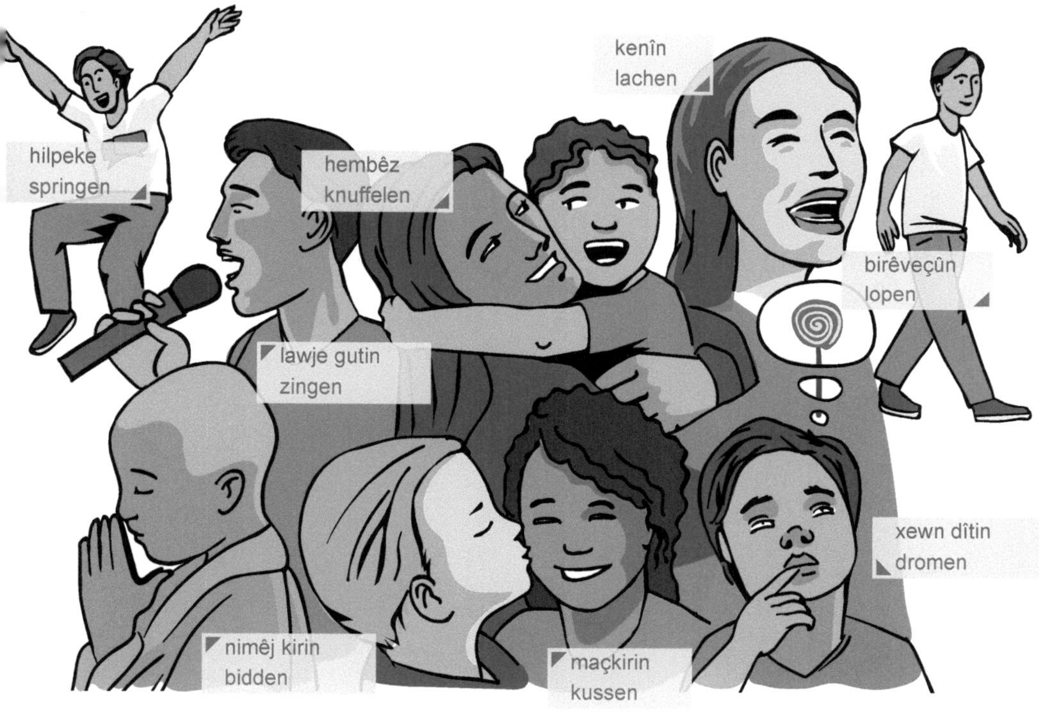

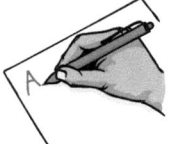

nivîsandin

schrijven

nîgar kêşan

tekenen

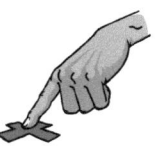

nîşan dan

tonen

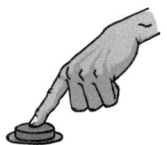

paldan

duwen

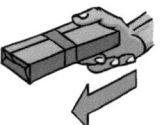

dayîn

geven

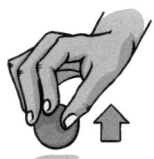

rakirin

oppakken

heyîn
hebben

kirin
doen

bûn
zijn

sekinîn
staan

bazdan
rennen

kişandin
trekken

avêtin
gooien

ketin
vallen

derew kirin
liggen

sekinîn
wachten

guhêztin
dragen

rûniştin
zitten

cil berkirin
aankleden

razan
slapen

rabûn
wakker worden

mêze kirin

bekijken

girîn

huilen

celte

strelen

şe kirin

kammen

peyvîn

praten

famkirin

begrijpen

pirskirin

vragen

bihîstin

horen

vexwarin

drinken

xwarin

eten

kom kirin

opruimen

hezkirin

houden van

xwarin çêkirin

koken

ajotin

rijden

firrîn

vliegen

kesştîvanî

zeilen

hesibandin

rekenen

xwandin

lezen

hînbûn

leren

karkirin

werken

zewicîn

trouwen

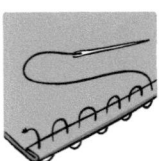

dirûtin

naaien

didan şûtin

tandenpoetsen

kuştin

doden

dûxan

roken

şandin

verzenden

dapîr
grootmoeder

bapîr
grootvader

bav
vader

dê
moeder

bebek
baby

keç
dochter

kur
zoon

mêvan

gast

met

tante

ap/xal

oom

bira

broer

xwişl

zus

malbat - familie

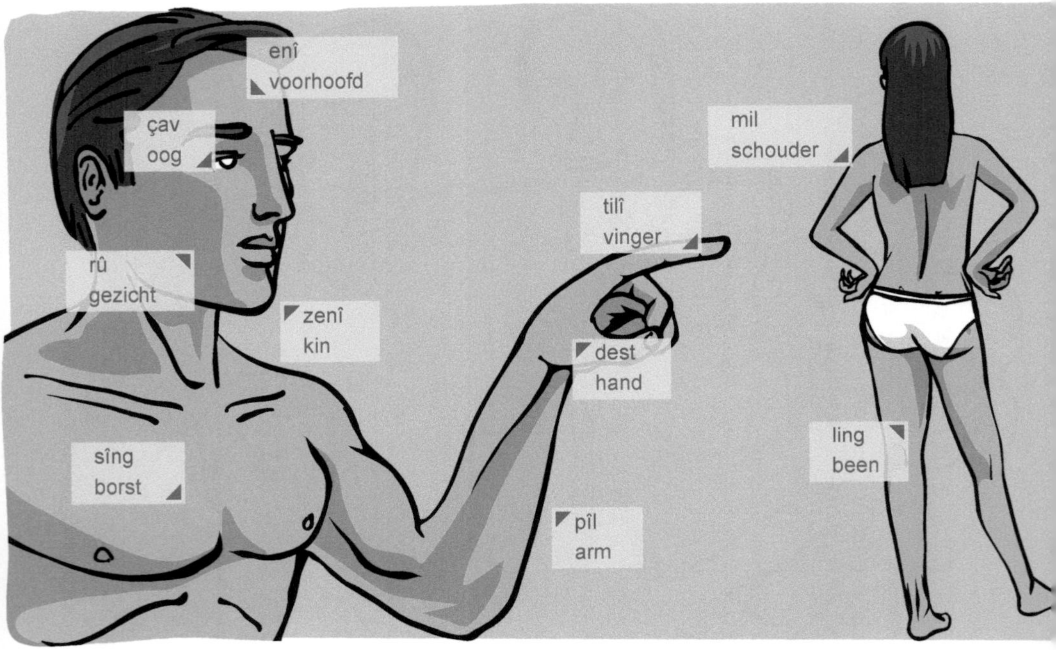

enî
voorhoofd

çav
oog

mil
schouder

tilî
vinger

rû
gezicht

zenî
kin

dest
hand

sîng
borst

ling
been

pîl
arm

bebek

baby

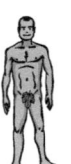

mêr

man

jin

vrouw

keç

meisje

kor

jongen

ser

hoofd

pişt
rug

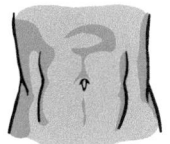

zik
buik

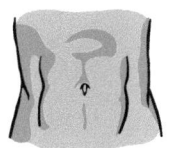

navik
navel

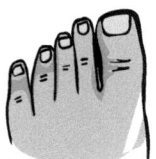

tilîya pê
teen

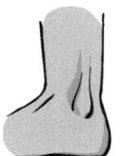

panî
hiel

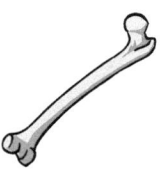

hestî
bot

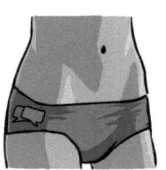

kûlîmek
heup

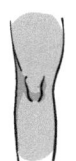

jûnî
knie

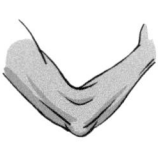

enîşk
elleboog

difn
neus

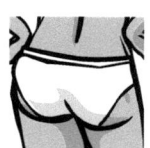

qûn
achterwerk

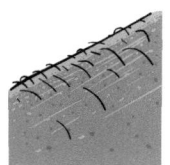

çerm
huid

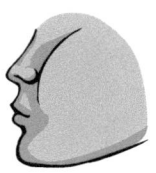

rû
wang

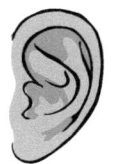

gûh
oor

lêv
lippen

dev

mond

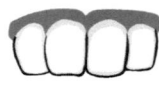

diran

tand

ziman

tong

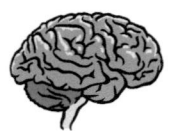

mêjî

hersenen

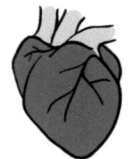

dil

hart

masûl

spier

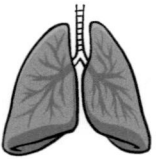

cîgera spî

long

ceger

lever

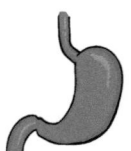

made

maag

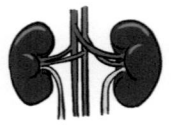

gûrçikan

nieren

cotbûn

geslachtsgemeenschap

kondom

condoom

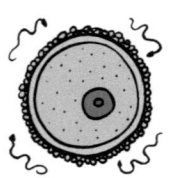

hêk

eicel

tov

sperma

dûcanî

zwangerschap

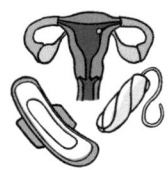

ade
menstruatie

qûz
vagina

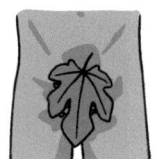

kîr
penis

birû
wenkbrauw

por
haar

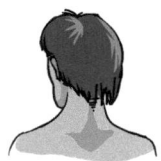

hûstû
hals

nexweşxane
ziekenhuis

nexweşxane
ziekenhuis
ereba nexweşan
ambulance
ereboka kûllekan
rolstoel
şikeste
fractuur

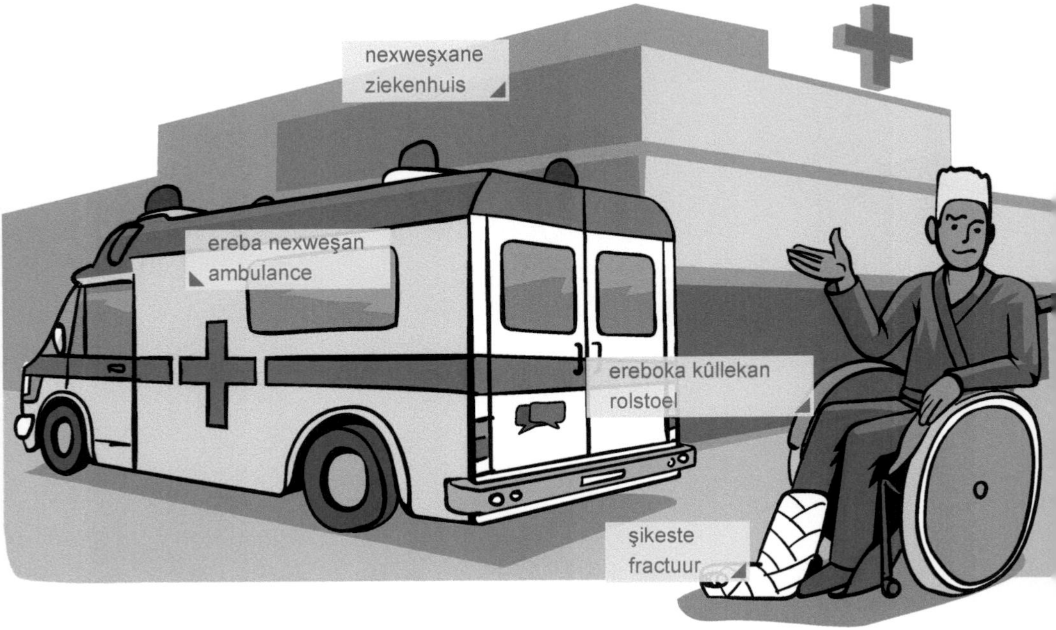

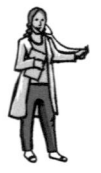

bijîşk
dokter

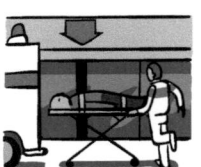

oda lezgînê
EHBO

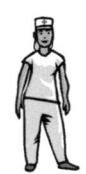

nexweşyar
verpleegster

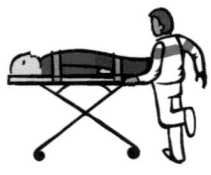

acîlîyet
noodgeval

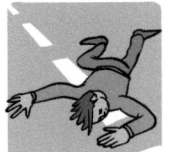

bêhay
bewusteloos

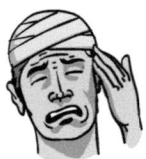

êş
pijn

birîn

verwonding

xwînpijan

bloeding

hêrişa dilî

hartaanval

celte

beroerte

alerjî

allergie

kuxik

hoest

ta

koorts

zikam

griep

navçûyin

diarree

serêş

hoofdpijn

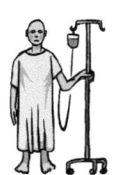

qansêr

kanker

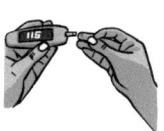

nexweşiya şekirê

diabetes

emelîkar

chirurg

skalpêl

scalpel

emelî

operatie

CT
CT

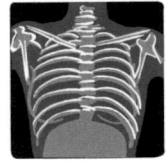

sûretê rontgên
röntgen

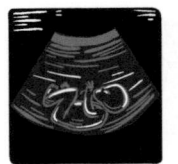

ûltrasawnd
echografie

maskê rûyê
gezichtsmasker

nexweşî
ziekte

oda sekinînê
wachtkamer

goçan
kruk

şêl
pleister

paçê birînpêçanê
verband

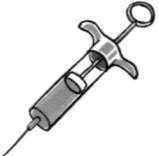

derzî
injectie

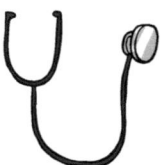

bîstoka pizîşkî
stethoscoop

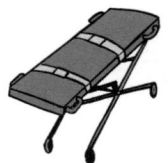

darbest
brancard

têhnpîva klînîkê
thermometer

zayîn
geboorte

qelew
overgewicht

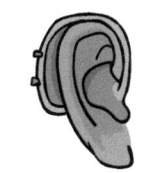

alîkariya bihîstinê

gehoorapparaat

bakterîkuj

ontsmettingsmiddel

kotîbûn

infectie

vîrûs

virus

HIV / AIDS

HIV / AIDS

derman

medicijn

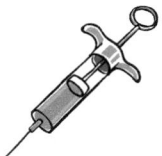

kutan

inenting

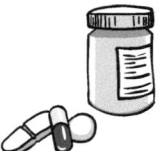

heban

tabletten

heb

pil

lezgîn

alarmnummer

dîmenderê pesto xwîn

bloeddrukmeter

nexweş / sax

ziek / gezond

Hewar!

Help!

alarm

alarm

êrîş

overval

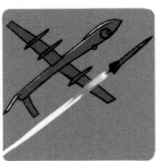

êrîşkirin

aanval

talûk

gevaar

derketina acil

nooduitgang

agir!

Brand!

agir vemirandinê

brandblusser

qeza

ongeluk

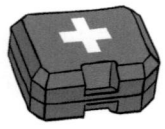

aletên alîkariya yekem

EHBO-koffer

SOS

SOS

polîs

politie

Ewropa

Europa

Amerîkaya Bakûr

Noord-Amerika

Amerîkaya Başûr

Zuid-Amerika

Afrîka

Afrika

Asya

Azië

Awustralya

Australië

Atlantîk

Atlantische Oceaan

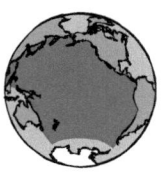

Okyanûsa Mezin

Stille Oceaan

Okyanûsa Hindî

Indische Oceaan

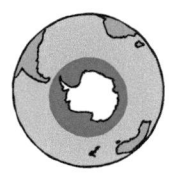

Okyanûsa Antarktîka

Zuidelijke Oceaan

Okyanûsa Arktîk

Noordelijke IJszee

Cemsera Bakûr

Noordpool

Cemsera Başûr

Zuidpool

Antarktîka

Antarctica

erd

aarde

ax

land

behir

zee

dûrge

eiland

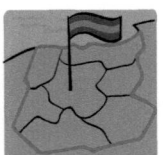

milllet

natie

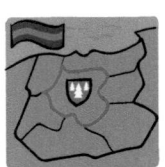

welat

staat

rûyê saet

wijzerplaat

nişanderka demjimêr

uurwijzer

nişanderka deqe

minutenwijzer

nişanderka saniye

secondewijzer

Seet çende?

Hoe laat is het?

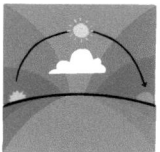

roj

dag

dem

tijd

niha

nu

saetê dicîtal

digitaal horloge

deqe

minuut

seet

uur

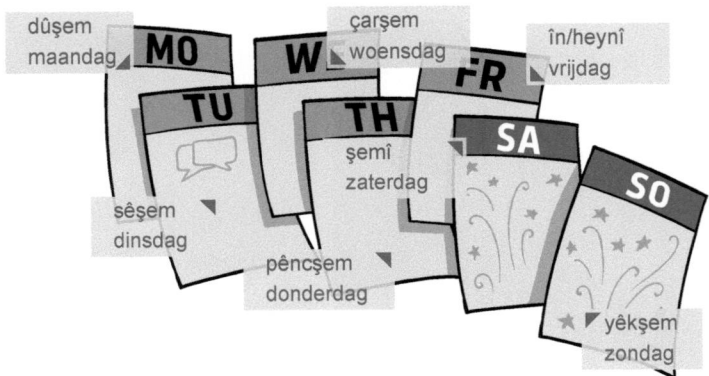

dûşem
maandag

çarşem
woensdag

în/heynî
vrijdag

şemî
zaterdag

sêşem
dinsdag

pêncşem
donderdag

yêkşem
zondag

duh
....
gisteren

îro
....
vandaag

sibey
....
morgen

sibe
....
ochtend

nîvro
....
middag

êvar
....
avond

MO	TU	WE	TH	FR	SA	SU
1	2	3	4	5	6	7
8	9	10	11	12	13	14
15	16	17	18	19	20	21
22	23	24	25	26	27	28
29	30	31	1	2	3	4

rojên karê
....
werkdagen

MO	TU	WE	TH	FR	SA	SU
1	2	3	4	5	6	7
8	9	10	11	12	13	14
15	16	17	18	19	20	21
22	23	24	25	26	27	28
29	30	31	1	2	3	4

dawiya hefte
....
weekend

sal

jaar

baran
regen
keskesor
regenboog
befir
sneeuw
ba
wind
bihar
voorjaar
payîz
herfst
havîn
zomer
zivistan
winter

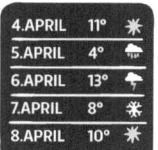

4.APRIL 11°
5.APRIL 4°
6.APRIL 13°
7.APRIL 8°
8.APRIL 10°

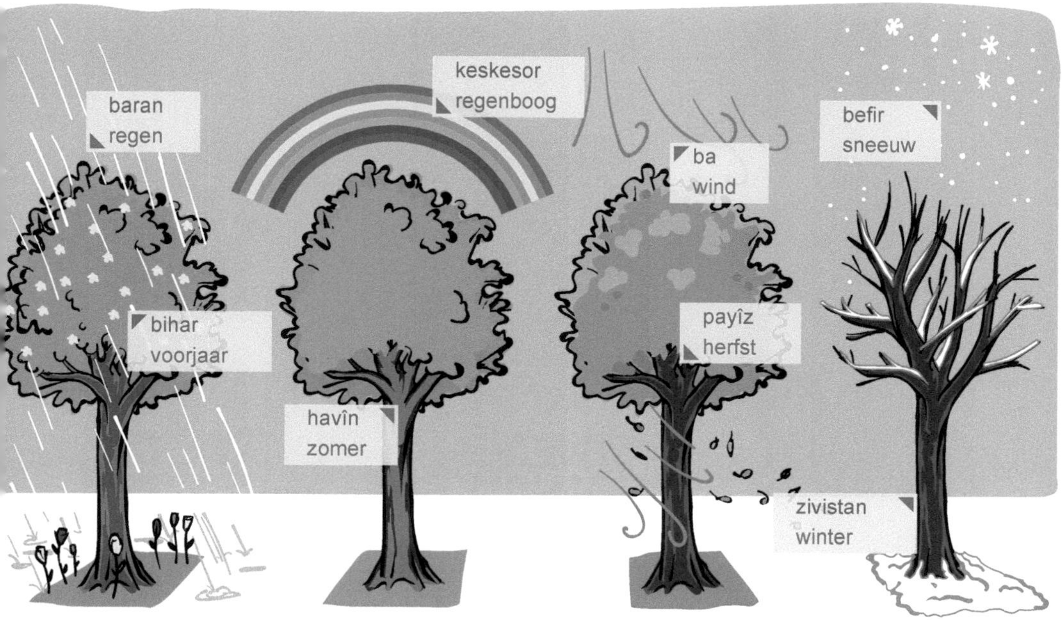

pêşbîniya hewa
....
weerbericht

F C
120 40
90 30
60 20
30 10
0 0
-30 -10
-20

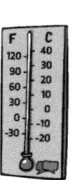

tehnpîv
....
thermometer

tav
....
zonneschijn

hewr
....
wolk

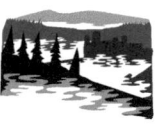

mij
....
mist

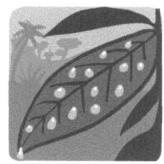

hêmî
....
luchtvochtigheid

birq
bliksem

brûsk
donder

tofan
storm

terg
hagel

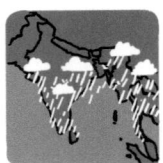

mansûn
moesson

lehî
overstroming

cemed
ijs

rêbendan
januari

reşeme
februari

newroz
maart

gulan
april

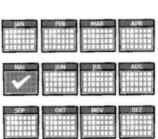

cozerdan
mei

pûşper
juni

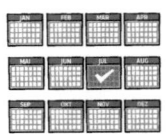

gelawêj
juli

xermanan
augustus

rezber

september

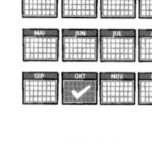

kewçêr

oktober

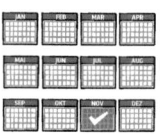

sermawez

november

befranbar

december

çember

cirkel

çarçik

vierkant

çarqozî

rechthoek

sêqozî

driehoek

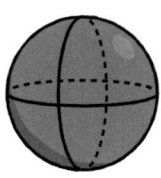

qada

bol

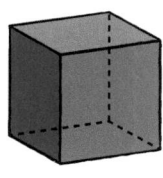

xiştek

kubus

sipî

wit

zer

geel

pirteqalî

oranje

pembe

roze

sor

rood

mor

paars

şîn

blauw

kesik

groen

qehweyî

bruin

gewr

grijs

reş

zwart

zor / kêm

veel / weinig

bi hêrs / bêdeng

boos / rustig

bedew / nerind

mooi / lelijk

destpêk / dawî

begin / einde

mezin / biçûk

groot / klein

ronî / tarî

licht / donker

brak / xwişk

broer / zus

pagij / girêj

schoon / vies

tevî / netemam

volledig / onvolledig

roj / şev

dag/ nacht

mirî / zindî

dood / levend

fire / teng

breed / smal

xweş / nexweş

eetbaar / oneetbaar

nebaş / baş

gemeen / aardig

bi heyecan / aciz

opgewonden / verveeld

qelew / zirav

dik / dun

yekemîn / dawîn

eerste / laatste

heval / dijmin

vriend / vijand

tijî / vala

vol / leeg

req / nerm

hard / zacht

giran / sivik

zwaar / licht

birçî / tînî

honger / dorst

nexweş / sax

ziek / gezond

neqanûnî / qanûnî

illegaal / legaal

rewşenbîr / balûle

intelligent / dom

çep / rast

links / rechts

nêzî / dûr

dichtbij / ver

nû / bikarhatî

nieuw / gebruikt

hîç / tiştek

niets / iets

kal / ciwan

oud / jong

li / ji

aan / uit

vekirî / girtî

open / gesloten

aram / dengbilind

zacht / luid

dewlemend / reben

rijk / arm

rast / şaş

goed / fout

dirr / hilû

ruw / glad

xemgîn / şa

verdrietig / gelukkig

kurt / dirêj

kort / lang

hêdî / zû

langzaam / snel

şil / ziwa

nat / droog

germ / hênik

warm / koel

şerr / aşitî

oorlog / vrede

0
sifir
nul

1
yek
één

2
dû
twee

3
sê
drie

4
çar
vier

5
pênc
vijf

6
şeş
zes

7
heft
zeven

8
heşt
acht

9
neh
negen

10
deh
tien

11
yazde
elf

12

dazde

twaalf

13

sêzde

dertien

14

çarde

veertien

15

pazde

vijftien

16

şazde

zestien

17

hefde

zeventien

18

hejde

achttien

19

nozdeh

negentien

20

bîst

twintig

100

sed

honderd

1.000

hezar

duizend

1.000.000

milyon

miljoen

Inglîzî

Engels

Inglîziya Amerîkî

Amerikaans Engels

Çînî Mandarîn

Chinees Mandarijn

Hindî

Hindi

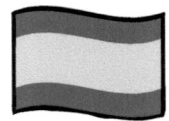

Îspanyolî

Spaans

Frensî

Frans

Erebî

Arabisch

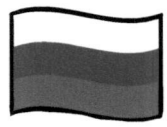

Rûsî

Russisch

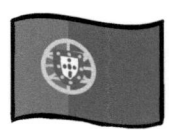

Portugalî

Portugees

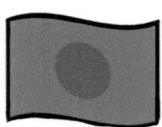

Bengalî

Bengalees

Elmanî

Duits

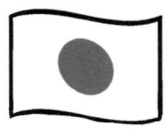

Japonî

Japans

min

ik

tu

jij

ew / ev / ew

hij / zij / het

em

wij

tu

jullie

ew

zij

kî?

wie?

çi?

wat?

çawa?

hoe?

kû?

waar?

kengî?

wanneer?

nav

naam

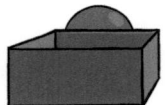

piştî

achter

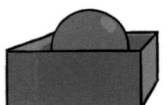

li

in

pêşî

voor

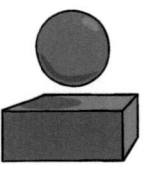

ser

boven

ser

op

bin

onder

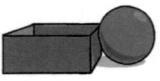

kêlek

naast

navber

tussen

cih

plaats